JN114899

ームをしてしまう

学生の必読本!

目標《もくひょう》を達成《たっせい》するための時間《じかん》管理《かんり》が身につく

すわべ しんいち

上手になる!

余計《よけい》なことをしなくなり、**大事なことだけ**やれるようになる!

時間に余裕《よゆう》があるときでも、**ダラダラ**しなくなる!

『あまり時間』に、ゲームをしたり動画を見たりして**ムダに過《す》ごさなくなる!**

集中力が続かなくても、**効果的《こうかてき》に勉強**ができるようになる!

夏休みの宿題を**計画的に終わらせる**ことができる!

この本を読むと

時間の使い方が

約束の時間や**提出期限**《ていしゅつきげん》**を守れる**ようになる!

授業《じゅぎょう》や家での勉強も、ゲームや漫画《まんが》と同じように**集中して時間が使える**ようになる!

遊び時間から勉強時間への**切り替**《か》**えが上手**になる!

面倒《めんどう》**で難**《むずか》**しそうな宿題**も、**後回し**にしなくなる!

勉強に時間がかかっても**焦**《あせ》**らず集中できる!**

もくじ

第1章

いつの間にかゲームをしたり、テレビや動画を見てしまう

みなさんは、どんなときにゲームをしたり、テレビやインターネットで動画を見たりしていますか？

宿題が終わったら、1時間だけゲームで遊んでもいいとか、毎週見てもいいテレビ番組が決まっているという人もいると思います。
しかし、夕食後の7時から宿題をする予定だったのに、5分だけ時間があったのでゲームをやり始めたら、30分も過《す》ぎてしまった！
または、お風呂《ふろ》から出て、寝《ね》る前の10分だけインターネットで動画を見るつもりが、結局1時間も見てしまい、翌日《よくじつ》は寝不足《ねぶそく》でボーっとしてしまった！　なんてことはありませんか？

このように、一つのことが終わり、次のことを始める前のちょっとした『あまり時間』に、何となくテレビや動画を見てしまい、やろうとしていたことができなかったということは、誰《だれ》にでもあると思います。

この**何となくが、みなさんにとっての無駄《むだ》時間**になります。

何となくが無駄《むだ》時間

「何となくゲームで遊んでしまった」「何となくテレビや動画を見てしまった」の、『何となく』が曲者《くせもの》というわけです。逆《ぎゃく》に「もともとゲームで遊ぶ予定だった」「テレビや動画を見るための時間だった」場合は、無駄《むだ》時間ではなく大事な遊びのための時間になります。

では、どんなときに『無駄《むだ》時間』が生まれるのでしょうか？

実は「やるべきこと」と「やるべきこと」の間に生まれるという特徴《とくちょう》があります。いまやっていることが終わり、次のことをやり始める前にチラッと時計を見たら、7時5分前だった。「じゃあ、5分だけ」というように、ちょっとだけあまった時間に生まれるのです。

しかもこのあまり時間は、一日のうちにちょこちょこ発生するため、合計すると意外と多くの時間が奪《うば》われているのも特徴《とくちょう》です。後から「この時間、何してたっけ？」と、なかなか思い出せなかかったら、その時間こそゲームやテレビ、動画などで無駄《むだ》に過《す》ごしてしまった『無駄《むだ》時間』だと思って間違《まちが》いありません。

では、どうしたらいいと思いますか？

まずは、みなさんが普段《ふだん》使っている時間の管理方法のひとつ、**『時計時間』での行動をやめてしまいましょう！**

「7時になったら宿題を始めよう」とか、「8時になったらお風呂《ふろ》に入ろう」などと、時計を見て行動するのではなく、夕食が終わっ

もうこんな時間…
ねないとまずいけど
宿題終わってないし…
何してたんだっけ？

たら算数の宿題をやって、次に漢字ドリルをやって、それが終わったらお風呂《ふろ》に入って、というようにやる順番だけを決めて、時間に関係なく行動するのです。

時計を見て行動するから、夕食が早く食べ終わったときなどに、「7時からの勉強時間まで5分あるぞ。よし、それまでちょっとゲームしよう！」と、ついゲーム機に手を伸《の》ばしてしまうのです。

ただ順番を決めて行動するこのやり方でも、食事の時間や寝《ね》る時間といった基本的《きほんてき》な時間については、時計時間で行動してください。

このやり方の良い点は、「夕食を早く食べ終わったから、勉強時間までまだ5分ある」といった『あまり時間』が発生しないことです。そのため、勉強をすぐに始められます。あまり時間は、ゲームを始めるための言い訳《わけ》を、みなさんに与《あた》えているだけなのです。

時計なしで行動　　時計時間で行動

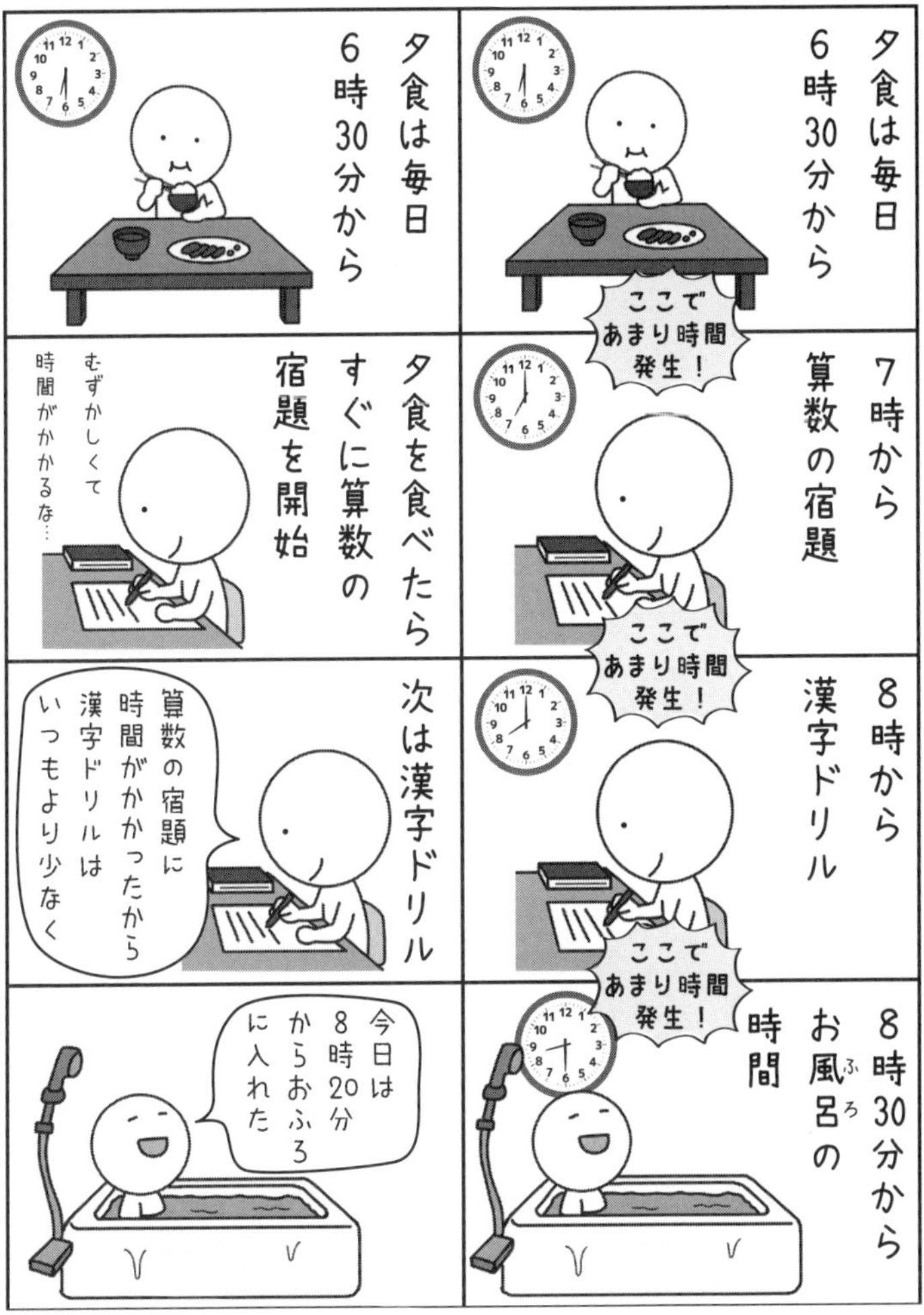

もう一つの良い点は、たとえ宿題が難《むずか》しくて少し時間がかかったとしても、焦《あせ》らず勉強に集中できることです。

みなさんは幼稚園《ようちえん》の頃《ころ》から、『時間はちゃんと守りなさい』と言われて育ってきたかと思います。そのため、宿題が予定していた勉強時間内に終わらないと「早くやらなくちゃ！」と、焦《あせ》ってしまうのです。

しかも、焦《あせ》ることで人間は十分な能力《のうりょく》を発揮《はっき》できなくなります。テスト中に先生が「残り時間5分」と言った途端《とたん》に焦《あせ》ってしまい、そこから一問も解《と》けなかった、なんて経験《けいけん》はありませんか？

時間を細かく決める『時計時間で行動』では、焦《あせ》る必要のない自宅《じたく》での宿題でも、このような焦《あせ》りを生みだしてしまうのです。

逆《ぎゃく》に『時計なしで行動』では「○時までに終わる。○時から始める」のように**時間に縛《しば》られないため、時間のプレッシャーからも解放《かいほう》されます。**

おまけに、時間を気にする必要がなくなるので、時計を見る回数が一気に減《へ》り、時間がゆっくり進んだように感じることができます。

温泉《おんせん》や田舎《いなか》に行くと、なぜかゆっくりと時間が流れているような気がしませんか？　これは単に時計を見る回数が減《へ》るからです。時間に縛《しば》られない生活をすると、これと同じことが起こるのです。

時計なしの行動は、毎日繰《く》り返すことで習慣化《しゅうかんか》されて、意識《いしき》しなくてもできるようになります。

例えば、「朝食を食べ終わったら、すぐに歯を磨《みが》く」と決めて、毎日続けたとします。

最初は意識的《いしきてき》に「今から歯を磨《みが》こう！」と思わないとできなかったことが、当たり前のように朝食の後は歯磨《はみが》きをするという習慣《しゅうかん》が自然と身につくのです。

人は毎日同じことを繰《く》り返すと、行動が体に染《し》みついてきます。そうなれば、切り替《か》えのタイミングで余計《よけい》なことをしなくなりますし、いつの間にかゲームをしたり、テレビや動画を見たりする『無駄《むだ》時間』がなくなるというわけです。

そのためには、朝食が終わったら、すぐに歯を磨《みが》くことです。

歯を磨《みが》く前に別のことをしてしまうと、リズムが狂《くる》ってしまうのでなかなか習慣化《しゅうかんか》されません。

とにかく体に覚えさせるためにも、**いまやっていることが終わったらすぐに次のことをやる**、ということを徹底《てってい》してください。

習慣化《しゅうかんか》のコツ

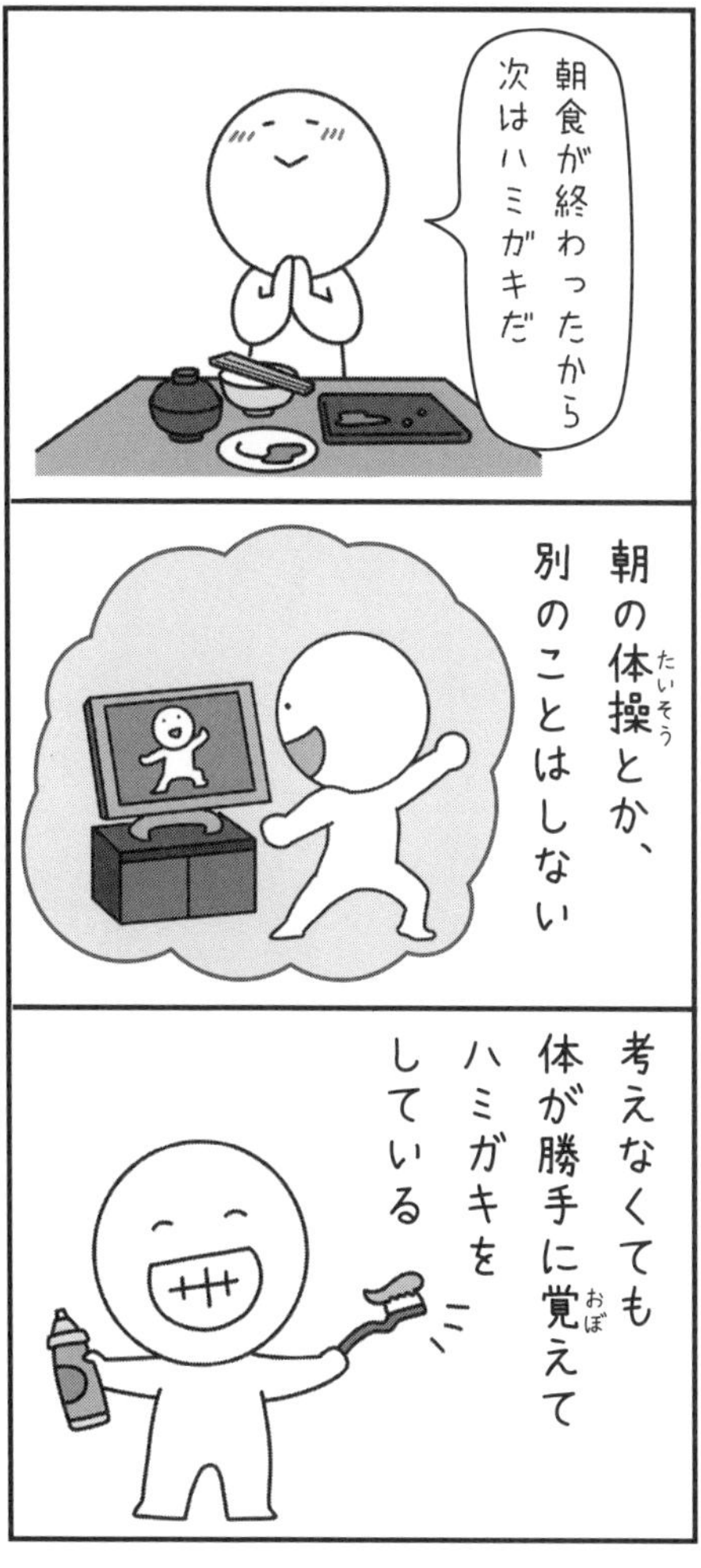
朝食が終わったから
次はハミガキだ
朝の体操《たいそう》とか、
別のことはしない
考えなくても
体が勝手に覚《おぼ》えて
ハミガキを
している

ただ、家のルールでお風呂《ふろ》に入る時間が決まっているとか、習い事や塾《じゅく》の時間が決まっていて、時計時間で行動しないといけない人もいると思います。

そんな人向けの対策《たいさく》として、**『あまり時間』に何をするのか決めておく**、という方法があります。

たとえば、あまり時間には必ず計算ドリルや漢字ドリルをやると決めておくのです。そうすれば後から後悔《こうかい》することはありません。

無駄《むだ》時間とそうではない時間との違《ちが》いは、後で後悔《こうかい》するかどうかです。たとえば、5分のあまり時間に、なぜか1時間もゲームをしてしまったら、「あぁ～、1時間あれば宿題が終わったのに……」と後悔《こうかい》しますよね。でも、もともと遊ぶ予定をしていた時間に、ゲームで1時間使ったとしても後悔《こうかい》しないと思います。

では、5分のあまり時間に漢字ドリルをしたらどうでしょうか。たとえそれが30分になったとしても、後悔《こうかい》しませんよね。むしろ、次の漢字テストが楽しみになるかもしれません。

余《あま》り時間はドリルの時間

7時まで
5分の
あまり時間か…
あまり時間ができたら
動画を見ないで
ドリル時間
ダメ！
ドリルなら
多くやり過《す》ぎても
後悔《こうかい》しない
次のテストが
楽しみだな…

ただ、人間はとても弱く、ちょっとしたきっかけでゲームをしたり、動画を見たりしてしまいます。

たとえば、「SNSの通知音が鳴ると勉強中でもスマホを触《さわ》ってしまう」「スマホやタブレットで調べ物をしていたのに、気付いたら別のアプリを開いている」など、ゲームや動画、SNSからの誘惑《ゆうわく》を断《た》ち切ることは、意外とむずかしいのが現実《げんじつ》です。

では、どうしたらいいのでしょうか。

とっておきの方法として、『プレモータム・シンキング』と呼《よ》ばれるアメリカで広まった考え方をお教えします。日本語だと、「失敗を未然に防《ふせ》ぐ」という意味で、時間管理にも使えるため、今回は私流《わたしりゅう》にアレンジしてみました。

やり方は簡単《かんたん》で、まずは無駄《むだ》にゲームで遊んだり、動画やテレビ

あなたの無駄《むだ》時間はいつ?

おやつタイムは30分。
そのあと夕食までが
勉強時間
『ついでに』には
危険《きけん》がいっぱい…
ついでに動画
でも見て…
あっという間に
1時間以上が
無駄《むだ》時間に変身《へんしん》

を見てしまうのが『いつ』なのかを特定します。

たとえば学校から帰ったら、おやつを食べる習慣《しゅうかん》があるとしましょう。そのとき、ついでに動画を見始めました。すると、あっという間に1時間が過《す》ぎていました。という話をよく耳にします。

このように、みなさんが無駄《むだ》に過《す》ごしやすい時間は『いつ』なのか、また『何』をしているときなのかを思い出してほしいのです。**人にはそれぞれ、無駄《むだ》にしやすい時間帯がある**ものです。より細かくそのときの状況《じょうきょう》を思い出すと、時間を無駄《むだ》に使ってしまった原因《げんいん》は何だったのか、自然にわかってくると思います。

原因《げんいん》がわかったら、次はどうしたらこの失敗をしないで済《す》むのかを考えましょう。

たとえば、おやつを食べるときは自分の部屋ではなく、必ず家族のいるリビングで食べるという方法もあります。

人は誰《だれ》かに見られていると、適度《てきど》な緊張感《きんちょうかん》からサボらなくなるからです。親にとっても、家事をしながら見守ることができるため、安心できると思います。

また、毎日スマホやタブレットのパスワードを親に設定《せってい》してもらい、「その日にやるべきことが終わったら解除《かいじょ》してもらう」という方法もあると思います。

同じ失敗を繰《く》り返さないようにするために対応策《たいおうさく》を考えて、それを実行するのです。

驚《おどろ》くほど効果的《こうかてき》に時間を使うことができるようになるはずです。

第1章 まとめ

この章で学びたいこと

- ☑ 新しいことを始める前のちょっとした『あまり時間』に、つい遊んでしまう
  → 合計するとかなりの時間になっている
- ☑ SNSの通知音などがきっかけでスマホが気になり、その流れでゲームをしたり動画を見たりしてしまう

時間の使い方が上手になる方法

- ☑ 時計を見て行動するのではなく、やる順番だけを決めて、時間に関係なく行動する
  - ・ゲームを始めるきっかけになる『あまり時間』が発生しない
  - ・勉強に時間がかかったとしても、終わりの時間が決まっていないので、焦《あせ》らず集中できる
  - ・時計を気にする必要がなくなるため、時間のプレッシャーから解放《かいほう》される
- ☑ 『あまり時間』が発生したときは、「計算ドリルか漢字ドリルをやる」など、やるべきことを決めておく
- ☑ 『プレモータム・シンキング』で失敗を未然に防《ふせ》ぐ
  - ・無駄《むだ》に過《す》ごしやすい時間は『いつ』『何』をしているときなのかを思い出し、原因《げんいん》がわかったら失敗しない方法を事前に考えておく

第2章

提出期限《ていしゅつきげん》を守れなかったり約束の時間に遅《おく》れる

第2章は、「一冊《いっさつ》の本を読んで、2週間後に読書感想文を提出《ていしゅつ》するようにと言われたのに、提出期限《ていしゅつきげん》に間に合わないどころか、本も読み終わっていない」とか、「待ち合わせ場所に行くのに、いつも遅刻《ちこく》してしまう」といった人向けの内容《ないよう》になります。


では、なぜ間に合わないのでしょうか？

それは、**時間の予測《よそく》が間違《まちが》っていることが原因《げんいん》**です。

時間の予測《よそく》とは、「一冊《いっさつ》の本を読むのに何日くらいかかるだろう？」とか「感想文を書くのに、何時間くらいかかるだろう？」とか「出かけるまでの準備《じゅんび》に、何分くらいかかるだろう？」などといった、ひとつの作業にかかる予想時間のことです。

時間の予測《よそく》を40分と決めて準備《じゅんび》を始めたけど、実際《じっさい》は1時間かかってしまったら、遅刻《ちこく》するのは当たり前ですよね。

要するに約束の時間や期限《きげん》を守れない人は、時間の予測《よそく》が下手なのです。

逆《ぎゃく》に言えば、**上手に時間の予測《よそく》ができるようになれば、約束を守ることができる**というわけです。

待ち合わせに遅刻《ちこく》

40分で用意すれば間に合うな
40分で終わらないのはなぜ?
出かけるまでに1時間もかかってしまった!?
遅刻《ちこく》だーッ

ところで、みなさんはどうやって時間を予測《よそく》していますか？

たとえば、「今年のマラソン大会のタイムを予測《よそく》してください」と聞かれたら、まずは去年の大会のタイムを思い出して、「去年が50分だったから、今年は45分くらいで走れるかな」と、予測《よそく》すると思います。

つまり、去年経験《けいけん》したタイムから今年のタイムを予測《よそく》するわけですが、去年のタイムを間違《まちが》えて覚えていると、当たり前ですが予測《よそく》したタイムは大きく外れることになります。

しかも多くの人は、「去年は初めてのマラソンだったから、緊張《きんちょう》して実力を発揮《はっき》できなかった」とか、「寝不足《ねぶそく》で、体調が良くなかった」など、自分勝手な理由で『ちゃんと走っていればタイムは40分だったはず！』と実力を過信《かしん》して都合のいいようにすり替《か》えてしまうのです。

これではちゃんとした予測《よそく》ができないのは当然のことです。「去年は40分だったから、今年は35分かな」と、実際《じっさい》の50分よりも15分も速いタイムを予測《よそく》しても、そんなに速く走れるわけがありません。これが約束の時間や期限《きげん》を守れない人の特徴《とくちょう》です。

経験時間《けいけんじかん》のすり替《か》え

GOAL
去年のタイムは50分だったけど…
ねぶそくで体調悪かった
GOAL
体調がよければ40分で走っていたはず！

しかも人によっては、**経験時間《けいけんじかん》を忘《わす》れたかのように無視《むし》する人もいます**。そんなバカな……と思うかもしれませんが、これはよくあることです。

たとえば、計算ドリルを1週間で10ページ終わらせる目標を立てたとしましょう。しかし実際《じっさい》にやってみたら、半分の5ページしか終わらなかったとします。すると、「来週は15ページ終わらせて、遅《おく》れを取り戻《もど》すぞ！」と考えます。

しかし、1週間で5ページしかできなかったのに、来週になったらいきなり3倍の15ページを終わらせることができると思いますか？

これは、自分の経験《けいけん》時間を無視《むし》していることになるのです。

正しい考え方は、1週間で5ページしかできなかった経験《けいけん》をもとに、「来週は少し頑張《がんば》って7ページを目標にしよう！」です。

遅《おく》れを取り戻《もど》そうとして、いきなり10ページ増《ふ》やすのは、失敗した経験《けいけん》を無視《むし》した考えになります。これでは、正しい時間の予測《よそく》ができないため、待ち合わせの時間も宿題の提出期限《ていしゅつきげん》も守れません。

経験《けいけん》時間を無視《むし》する人

1週間で
10ページ
計算ドリルをがんばるぞ!
終わったのは予定の半分だけ
こんなはずじゃ…
1週間で
15ページ
前より難《むずか》しい目標を設定
おくれを取りもどすぞ~

このように、「経験時間《けいけんじかん》を間違《まちが》えて覚えている」または「経験時間《けいけんじかん》を無視《むし》する」ことで、時間の予測《よそく》がテキトーになるのですが、経験《けいけん》時間を正しく覚えていたとしても、きちんと時間の予測《よそく》ができない人もいます。

先ほど話したマラソン大会の例では、「去年が50分だったから、今年は40分くらいかな」と、なぜか去年より10分も速く走れると予測《よそく》しました。

「今年は去年より1ヵ月《かげつ》も前からマラソンの練習をしているから」といった、明確《めいかく》な理由があるのでしょうか？ それとも「今年は高学年だからタイムもよくなるはず」など、何となくボンヤリした理由だけで、時間の予測《よそく》が10分も縮《ちぢ》まると考えたのでしょうか？

一方で、「去年が50分だったから、今年は55分くらいかな～」と考える人もいるでしょう。これは、過去《かこ》の経験《けいけん》時間から時間を予測《よそく》するときに、暗く考えてしまう人です。

どっちのタイプ？

―去年のマラソン大会―
50分で完走（経験《けいけん》時間）
時間の予測《よそく》を
前向きに考える人
今年は40分で走れるな！
時間の予測《よそく》を
暗く考える人
太っちゃったから、今年は55分かかると思う…

ちなみに時間の予測《よそく》を前向きに考える人は、すべての時間の予測《よそく》を実際《じっさい》よりも短く考えます。逆《ぎゃく》に、暗く考える人は、すべての時間の予測《よそく》を実際《じっさい》よりも長めに考えてしまう傾向《けいこう》があります。

約束の時間や提出期限《ていしゅつきげん》を守れるようになるには、自分は時間の予測《よそく》を前向きに考える癖《くせ》があるのか、暗く考える癖《くせ》があるのかを知っておく必要があります。

そこで、**宿題を始める前には必ず、時間の予測《よそく》をメモに書くようにしましょう。**そして、宿題が終わったら、実際《じっさい》にかかった時間を同じメモに書くのです。

こうすることで、自分の時間の予測《よそく》が正しかったのか、間違《まちが》っていたのかを知ることができます。

実際《じっさい》の時間より予測《よそく》した時間のほうが短かったら前向きに考える

1
はじめに予測《よそく》
今日の宿題は30分だな…
2
勉強中は、時計を気にせず集中
3
実際《じっさい》は倍の1時間…
短く予そくしたから前向きタイプ

タイプの人で、長かったら暗く考えるタイプの人になります。

「この宿題は30分で終わる！」と予測《よそく》したけれど、実際《じっさい》にやってみたら倍の1時間かかったら、「自分は、半分の時間で予測《よそく》してしまう癖《くせ》がある」ということがわかります。

　この癖《くせ》さえわかれば、15分で予測《よそく》したとしても、倍の30分に見直すことができるようになるのです。

こうして**少しずつ、正しい時間の予測《よそく》ができるように調整していけばいいのです。**

本当は4日前から始めなければ間に合わないようなテスト勉強を、2日前からでも大丈夫《だいじょうぶ》と時間の予測《よそく》をしていたら、良い点数なんて取れるはずないですよね。時間の予測《よそく》をするときの自分の癖《くせ》を知ることで、4日前からテスト勉強を始められるのです。

たとえテストまで3日しかなかったとしても、**重要な部分から始めるなど、勉強方法を工夫することができるようになります。**

ちなみに時間の予測《よそく》を前向きに予想してしまう人の特徴《とくちょう》は、「自分への期待が高すぎる人」だったり「自分は能力《のうりょく》が高いと思い込《こ》んでいる人」です。

そのため、2日で終わると思って始めたテスト勉強が、2日たっても半分しか終わってなければ、「サボってたから遅《おく》れているのか？」とか「ヤバい、もっと急いで勉強しないと」という焦《あせ》りが生まれて、ますます勉強に集中できなくなってしまうのです。

時間の予測《よそく》が前向きな人

ぼくが本気になれば、できないことはない！
二日後…
本当は終わるはずなのに、まだ半分…
焦《あせ》って勉強に集中できない…

たとえば家族で出かけるとき、「5分後に出発するよ！」と言われたら、ものすごく焦《あせ》りますよね。でも、出発まで30分と言われたら、余裕《よゆう》をもって準備《じゅんび》ができると思います。

このように、**自分がやろうとしていることに落ち着いて取り組むには、自分が十分と思えるだけの時間がないと集中できないのです。**

では、時間の予測《よそく》が暗すぎる人はどうでしょうか？　実際《じっさい》は4日で終わるテスト勉強を6日もかかると思い込《こ》んでしまう人。つまり、時間の予測《よそく》を長く考えてしまう人になります。

「早めに勉強を始めるわけだから、いいんじゃないの？」と思いがちですが、実際《じっさい》は「もうテストの5日前だから、今から勉強しても間に合わないな……」と、**やる前から諦《あきら》めてしまう人が多いのが特徴《とくちょう》**です。

時間の予測《よそく》が暗すぎる人は、「自分への期待が低い人」だったり「自分には能力《のうりょく》がないと思い込《こ》んでいる人」だからです。

時間の予測《よそく》が暗い人

そもそも、長めに時間の予測《よそく》をしてしまうと、やる前から気が重くなってきませんか？

「10分で終わる算数の宿題」と「1時間かかる算数の宿題」があったら、10分で終わる宿題の方が簡単《かんたん》そうですよね。

そのため時間の予測《よそく》が暗すぎる人は、やる前から諦《あきら》めてしまい、結局何もしないというわけです。

これらの理由により、時間の予測《よそく》が前向きな人よりも、時間の予測《よそく》が暗すぎる人の方が、より注意が必要ということがわかります。

たとえば、ドリルを勉強するのに「30分で終わる」と時間の予測《よそく》をした人と、「2時間かかる」と予測《よそく》した人がいたとします。

30分で終わると時間の予測《よそく》をした人は、「30分なら、お風呂《ふろ》の前には楽勝で終わるな」と思って始めるのですが、2時間かかると予測《よそく》した人は、「いまから2時間だと、お風呂《ふろ》にも入らなくちゃいけないし、2時間のドリルは大変そうだからやめるか……」というように、頑張《がんば》るのをやめてしまうのです。

そうならないためにも、自分の癖《くせ》を知ることが大切なのです。

自分の癖《くせ》はどっち？

みなさんは、何か作業をする前には、知らず知らずのうちに頭の中で時間の予測《よそく》をしてから行動していますよね。

親から買い物を頼《たの》まれたら、「40分あれば帰ってこられるな」と予測《よそく》してから家を出ると思います。

先にも言ったように、頭の中だけで時間の予測《よそく》をするのではなく、メモに書いてからスタートし、終わった後は、実際《じっさい》にかかった時間と比《くら》べるようにしてください。ゲーム感覚でもかまいません。

予測《よそく》した時間と実際《じっさい》の時間を比《くら》べることが大切です。

これを何回も繰《く》り返すことで、自分は時間の予測《よそく》が前向きな人なのか、時間の予測《よそく》が暗すぎる人なのか、自分の癖《くせ》がわかるだけでなく、**どのくらい見直せば正確《せいかく》な時間に近づけるのかを知ることができます。**

「自分はいつも半分の時間で予測《よそく》していたのか」と気づいたら、次からは時間を倍にして、予測《よそく》すればいいだけです。こうして、少しずつ時間の予測《よそく》ができるようになっていくのです。

そして、いつのまにか約束の時間も、提出期限《ていしゅつきげん》もきちんと守れる人になるはずです！

時間の予測《よそく》の見直し

30分で宿題完了！
と予そくしたけど、また倍の1時間かかってしまった…
これからは予そくした時間を倍にすればいいのかも…

第2章 まとめ

この章で学びたいこと

- ☑ 宿題などの提出期限《ていしゅつきげん》を守れない
- ☑ 約束の時間に遅《おく》れてしまう

→時間の予測《よそく》ができない

・ 前向きに予測《よそく》して、時間が足りずに結局できない

・ 暗く予測《よそく》して、やる前から諦《あきら》めてしまう

時間の使い方が上手になる方法

☑ 作業を始める前に時間を予測《よそく》してメモに書く。そして作業が終わったら、実際《じっさい》にかかった時間を同じメモに書く

→予測《よそく》した時間と実際《じっさい》の時間を比《くら》べて、どれくらい違《ちが》うのかを確認《かくにん》する

・ 時間の予測《よそく》に対して前向きタイプか暗く考えるタイプか、自分の癖《くせ》を知ることで、だんだん正確《せいかく》に時間の予測《よそく》ができるようになる

第3章

テスト勉強をしないで、部屋の片づけをしてしまう

みなさんはＳＮＳで動画を見たり、サブスクで音楽を聴《き》くとき、「ショート動画は、途中《とちゅう》でスキップするからほとんど最後まで見ない」とか「音楽はサブスクで聴《き》くから、もちろんスキップしてる」などの行為《こうい》が当たり前になっていませんか？

この章では、スキップが習慣《しゅうかん》になってしまっている人たち向けの内容《ないよう》になります。

では、なぜスキップしてしまうのでしょうか？

一番の理由は、いつでも手軽にたくさんの動画や音楽が楽しめるため、「少しでも面白いものを見たり聴《き》いたりしたい」とか「大切な時間をつまらないものに使いたくない」という気持ちが強くなりすぎているからです。

つまり、限《かぎ》られた時間を少しでも無駄《むだ》にしたくない！　面白い動画や音楽を見たり聴《き》いたりすることに使いたい！　という欲求《よっきゅう》から、**『待てない体質《たいしつ》』になっている**のです。

指先ひとつで簡単《かんたん》にスキップできるわけですから、どんなに短い動画でも、最後まで見たら時間がもったいないと感じるのです。

『待てない体質《たいしつ》』

娯楽《ごらく》として楽しむはずの映画《えいが》でさえ、1・5倍速で観るなど、今を生きる私《わたし》たちは、**「少しでも早くやらないと」という間違《まちが》った時間の考え方にとらわれてしまっている**のです。

たとえばスマホのアプリにしても、SNSで動画を見始めたばかりなのに、別のアプリで友だちにメッセージを送ったり、明日の天気予報《よほう》を確認《かくにん》したりと、ひっきりなしにアプリを切り替《か》えていませんか？

私《わたし》たちは、同じことを続けることができない体質《たいしつ》になっているため、このような行動に走ってしまうのです。

これでは、勉強のために長時間、いや10分でも机《つくえ》の前に座《すわ》っていることなど出来るはずがありません。

それが証拠《しょうこ》に、イスに座《すわ》ったままではいいけど、すぐに勉強以外のことを始めていませんか？

「明日がテストだから勉強しなければいけないのに、なぜか普段《ふだん》はしない部屋の片付《かたづ》けを始めている」などです。

同じことを続けられない
動画は後から倍速さいせいで時間短しゅく
アプリはすぐ切り替《か》え
あれもやってこれもやってと…
同じことを続けられなくなってきている

実はこれには理由があり、どうなるかわからない未来の成果より、すぐに成果を感じられる目の前のことに逃《に》げているだけなのです。

わかりやすく説明すると、いま勉強しているテストの点数がわかるのは、ずいぶん先のことになりますよね。一方で、散らかっていた部屋のそうじは、キレイになったことが目に見えてわかるわけです。

つまり、**すぐにでも達成感が欲《ほ》しくて、目の前の成果に逃《に》げてしまっている**のです。

このように、我慢《がまん》することができなくなってしまったのは、時間内にたくさんのことをしようとするあまり、**「少しでも早くやらないともったいない」と考えるようになった**からです。

結果、私《わたし》たちは『待てない体質《たいしつ》』になってしまったのです。

そこで、『待てる体質』になることが大切になってきます。

待てるようになると、すぐに成果を求めなくなります。

つまり、テストの勉強中に部屋を片《かた》づけ始めるといった、目の前の成果に逃《に》げることがなくなります。

勉強中になぜか片《かた》づけ

成果が出るのに1週間や2週間かかることでも、時間をかけることができるようになるのです。

たとえば、ひまわりの種を植えたとします。最初の数日間は、何も変化がありません。しかし、毎日ちゃんと水をやったり、陽に当てて世話をしていると、10日後くらいに小さな芽が顔を出します。

これを続けることで、将来的《しょうらいてき》に美しい花が咲《さ》くのです。

このように最初は変化が見られなくても、**続けることで大きな成果が得られるからこそ、長期的な目標に取り組むことが大切**だといえるのです。

「少しでも早くやらないと」と、頑張《がんば》って5分や10分短縮《たんしゅく》したとしても、結局《けっきょく》その時間で動画を見たりゲームをして使っていたのでは意味がありません。

それよりは、**時間をかけてコツコツ積み重ねることで、その先にある大きな目標を達成したほうが何十倍も充実《じゅうじつ》している**と思いませんか？

これが正しい時間の使い方なのです。

ひまわりの成長

ひまわりの種をまいて水をやります
それを毎日続ければ芽が出て
キレイな花が咲きます

そのためにも、いまのうちから『待てる体質《たいしつ》』をしっかり身につけることです。

では、どうすれば『待てる体質《たいしつ》』になれるのか？

簡単《かんたん》です。小説を読んでください。

小説を読むことは、子どもたちの成長にはとても重要で、「想像力《そうぞうりょく》が豊《ゆた》かになる」、「記憶力《きおくりょく》や集中力が高まる」など、いろいろな点で役に立つのですが、その他にも**「がまん強くなり、焦《あせ》らず待てるようになる」という効果《こうか》もある**のです。

たとえば、推理《すいり》小説を読むとしましょう。少しずつ、犯人《はんにん》につながるヒントが出てきますよね。

しかし、最終的に犯人《はんにん》に辿《たど》り着くには、すべてのヒントがそろうまで地道に本を読み進めるしかありません。

動画のように1・5倍速で見たり、途中《とちゅう》でスキップすることもできないので、最初から最後まで順を追って読むしかないのです。

つまり、**小説を読むことは、「犯人《はんにん》は誰《だれ》？　早く結末を知りたい！」という気持ちをぐっと抑《おさ》えて、ゆっくり物語を楽しむトレーニング**をしていることになるのです。

小説でトレーニング

これにより、『待てる体質《たいしつ》』が身につき、さらに考える力もアップします。意外かもしれませんが、**『待てる体質《たいしつ》』と『考える力』には繋《つな》がりがあります。**

まず、『待てない体質《たいしつ》』の人は、せっかちな人です。

人はせっかちになると、じっくり考えることをやめて、急いで答えを出そうとします。つまり、最初に思いついたことを正しいと決めつけてしまうのです。

しかし、あまり考えないで最初に思いついたことって、他の人も同じように思いつきそうですよね。結局《けっきょく》、**せっかちな人の考えは、みんなと同じ考えになってしまう可能性《かのうせい》が高い**というわけです。

ただ**『待てる体質《たいしつ》』になれば、じっくりと多方面から物事を考え**

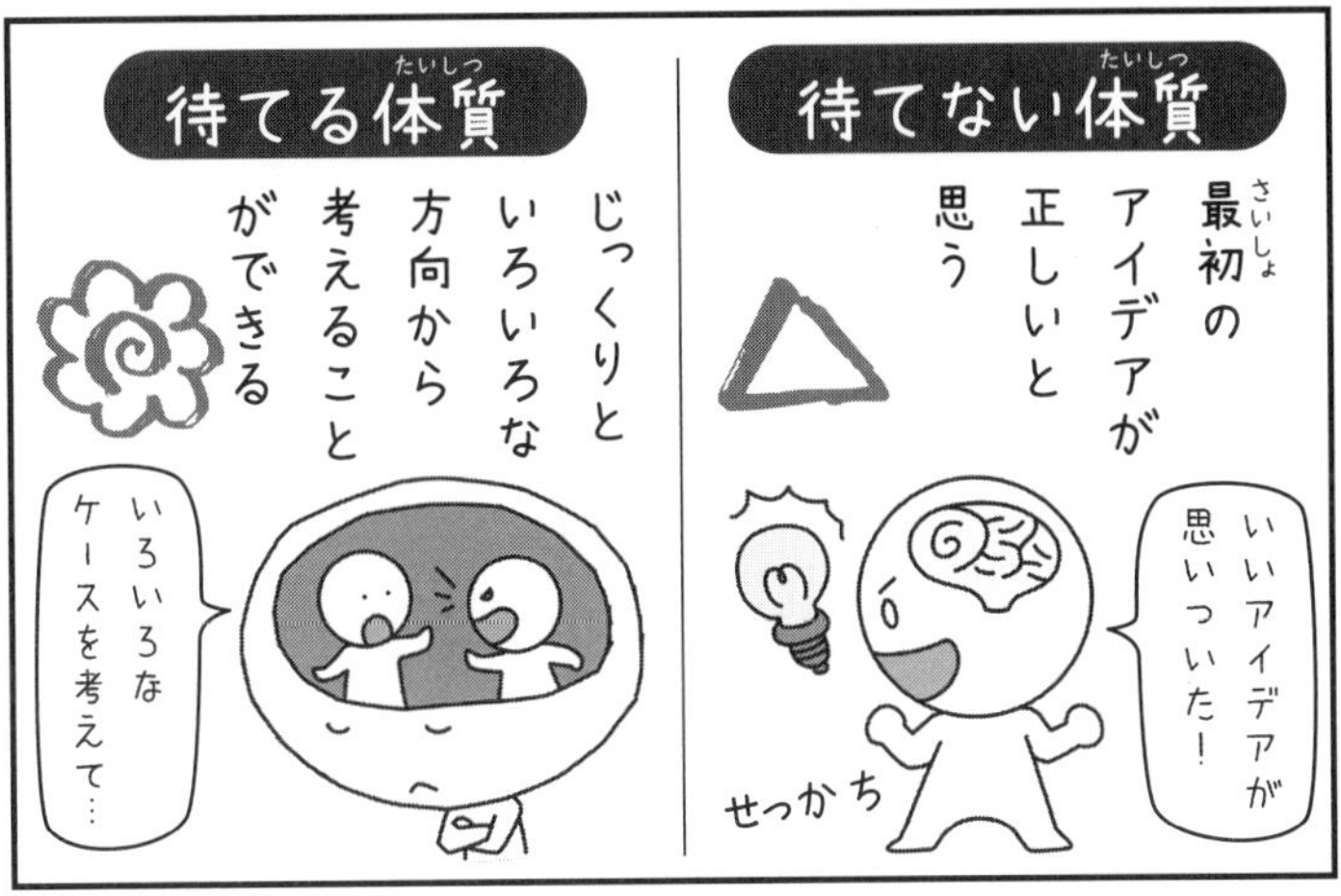
待てない体質《たいしつ》
最初《さいしょ》のアイデアが正しいと思う
いいアイデアが思いついた！
せっかち
待てる体質《たいしつ》
じっくりといろいろな方向から考えることができる
いろいろなケースを考えて…

ることができるようになるため、人とは違《ちが》う素晴《すば》らしいアイデアにたどり着くことができるのです。

これこそが、みなさんに定期的に小説を読んでほしい最大の理由になります。

『待てる体質《たいしつ》』が身につくだけでなく、脳《のう》も活性化《かっせいか》されるため、しっかり考えてから行動できる人になります。

継続《けいぞく》できれば、知らず知らずのうちに変わっていく自分に気づくことでしょう。

第3章 まとめ

この章で学びたいこと

- ☑ ショート動画や音楽をすぐにスキップしたり、アプリを短時間でしょっちゅう切り替《か》えている
  →『待てない体質《たいしつ》』になっている
- ☑ 机に向かっても勉強以外のことをしてしまう
  → すぐに達成感が欲《ほ》しくて、目の前の成果に逃《に》げてしまう

時間の使い方が上手になる方法

- ☑ 小説を読むことで、『待てる体質《たいしつ》』になれる
  →ゆっくり順を追って楽しむ小説は忍耐力《にんたいりょく》が養《やしな》われる

【待てる体質《たいしつ》になるメリット】

・時間がかかることでも諦《あきら》めずに続けられる

→ 長期的な目標に取り組めるため、大きな成果が得られる

→ じっくりと物事を考えるため、『考える力』もアップする

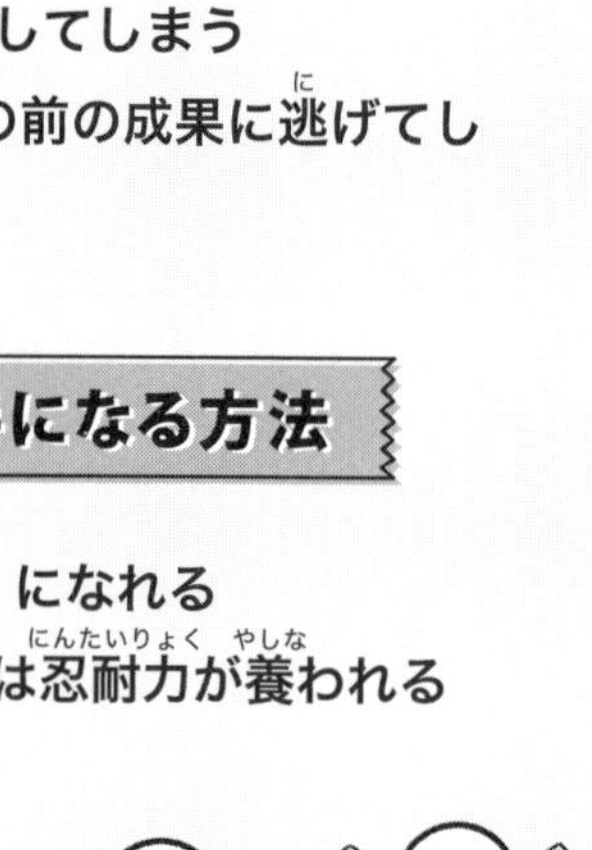

第4章

時間のかかる面倒《めんどう》なことが、なかなか始められない

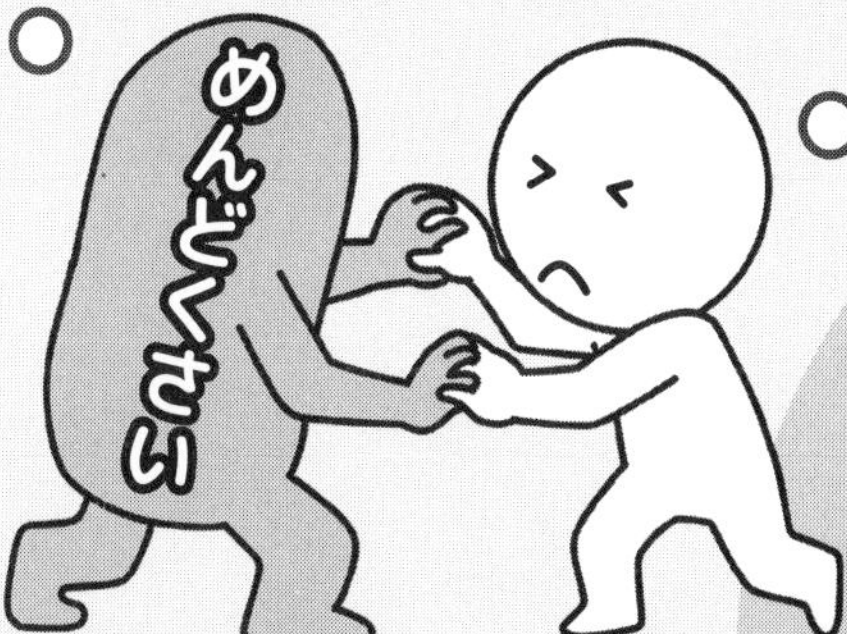

夏休みの宿題って、好きな教科や簡単《かんたん》そうな問題ばかりに手を付けて、読書感想文や自由工作のようにちょっと面倒《めんどう》で難《むずか》しそうな宿題は、夏休みが終わるギリギリまでほったらかし……なんてことありますよね。

でもこれは、勉強だけではなく、部屋の片《かた》づけでも同じことが起こるのです。

散らかっていたものを元の場所に戻《もど》すという簡単《かんたん》なことはできるけど、大掃除《おおそうじ》のときの窓《まど》ふきや部屋のクローゼットの片《かた》づけのように時間がかかりそうで面倒《めんどう》なことはどんどん後回しにしてしまいがちです。

このことは、子どもだけではなく大人にも当てはまります。

なぜ、このようなことが起こるのかわかりますか？
実は、**「めんどくさい！」と感じている気持ちが大きく邪魔《じゃま》をしているのです。**

面倒《めんどう》なことは後回し

たとえば、読書感想文を書くのに、「今日こそは本を読むぞ！」と思っても、「やっぱり、別の本の方がいいかな～？」とか「今、流行《はや》っているのはこっちのような気がする……」など、気持ちがあちこちに揺《ゆ》れ動いて目移《めうつ》りしたあげく、やらないまま終わるのです。やらなきゃいけないことが目の前にあるのに、なんだかんだ理由をつけて、ついつい後回しにしてしまう……。

それが、『感情《かんじょう》が自分の行動を邪魔《じゃま》している』という状態《じょうたい》で、自分で自分をやる気のない方向に引っ張《ぱ》っているというわけです。

では、どうすればいいのでしょうか？

その前に、こんな経験《けいけん》をしたことはありませんか？

――作文の宿題が面倒《めんどう》でなかなか始められなかったけど、親に怒《おこ》られて無理やりイスに座《すわ》らされ、何行か書き始めたら意外とスラスラ最後まで書けた――

つまり、人って頭の中であれこれ考えているうちは、余計《よけい》な感情《かんじょう》が邪魔《じゃま》をして怠《なま》けてしまうのですが、**最初の一歩を踏《ふ》み出すと、だんだん気分がのってきて、自分のことを邪魔《じゃま》していた感情《かんじょう》さえ忘《わす》れてしまう**のです。

作文の宿題

たとえば、マラソン大会に向けて毎朝1時間早く起きてジョギングをするという目標をたてたとします。

この目標が成功するかどうかは、朝起きてから家を出るまでが勝負で、家を出てから10メートルでも走ることができたらこっちのもの。その日は最後まで走りきることができるはずです。

逆《ぎゃく》に、目は覚《さ》めているのに布団《ふとん》の中で動画を見てしまったとか、今日は寒いから走るのはちょっと……など、何かと理由をつけて家から出られずに終われば失敗《しっぱい》になります。

これはすべてにおいていえることです。

「面倒《めんどう》で嫌《いや》だな」と心の中では思っていても、最初の一歩さえ踏《ふ》み出せれば、体も頭も目覚めてきて、少しずつエンジンがかかってきます。その結果、最後までやりとげることができるのです。

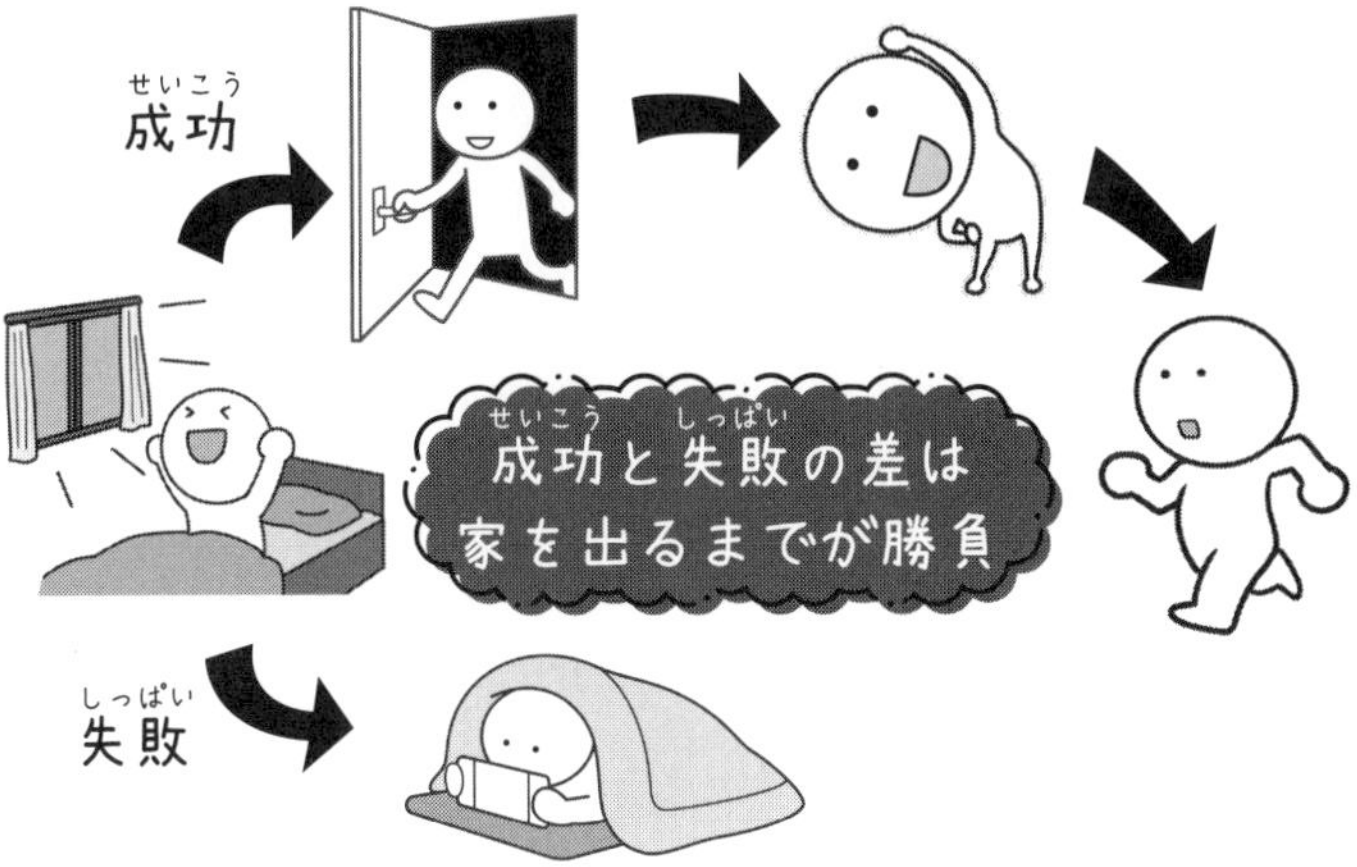

ジョギングの場合は、「予定のコースより遠回りして、いつもより長い距離《きょり》を走ることができた！」なんてことにもなるのです。

では、最初の一歩を踏《ふ》み出すためにはどうすればいいでしょうか？

簡単《かんたん》です！

自分が「面倒《めんどう》だな」と感じていることを思い出し、それを始めるときの手順をメモに書いてみるのです。

たとえば、面倒《めんどう》なことが「作文を書くこと」だとしたら、

手順1　イスに座《すわ》る
手順2　原稿《げんこう》用紙と筆箱を用意する
手順3　筆箱から鉛筆《えんぴつ》を取り出す
手順4　原稿《げんこう》用紙に名前を書く
手順5　はじめの3行を書く

このように、始めるまでの手順をメモに書き出してみてください。

作業のすべての手順を書く必要はなく、最初の5つだけで大丈夫《だいじょうぶ》です。**ポイントは「これなら出来る！」と思える簡単《かんたん》な内容《ないよう》にすることです。**

面倒《めんどう》くさいと思っている感情《かんじょう》が、みなさんの行動を邪魔《じゃま》している

だけなので、最初の一歩さえ踏《ふ》み出してしまえば、あとは楽チン！

気がつけば、最後まで終わっているのです。

この5つの手順は、バンジージャンプで背中《せなか》を押《お》してくれる係の人と同じだと思ってください。

「作文を書く」5つの手順

そんなに効果的《こうかてき》なの？　と思うかもしれませんが、はっきり言ってすごく効果的《こうかてき》です！

面倒《めんどう》で嫌《いや》だなと思うのは、それらのことをやっている自分や苦労した先にある遠いゴールを想像《そうぞう》するからで、**はじめの5つの手順を書くことで、無の状態《じょうたい》のスタートを想像《そうぞう》できるようになります。**

作文も、「原稿用紙《げんこうようし》5枚分《まいぶん》書かないといけない」というゴールを想像《そうぞう》するから、「そんなに書くことないよ……」と、まだやってもいないのに諦《あきら》めてしまうのです。

しかも、**ゴールを想像《そうぞう》してしまうと、**やり終えた気分になるため、**ますます手を動かすことができなくなるという悪循環《あくじゅんかん》に陥《おちい》ります。**

とにかく、「面倒《めんどう》くさい！」と思っていることは、ゴールよりもスタートを想像《そうぞう》することが重要です。

「最初の3行だけ書けばいいんだ」というスタートを想像《そうぞう》できれば、面倒《めんどう》だと思っていることでも一気にハードルが下がり、やってみようと思えるわけです。

最初《さいしょ》の一歩を踏《ふ》み出す

最初《さいしょ》の一歩を踏《ふ》み出すことで
大変そうなゴールを想像《そうぞう》することがなくなり
こんなに走れないよ
GOAL
スタートを想像《そうぞう》できるようになる

しかも、手順5までなら3〜5分でできそうですよね。

この**3〜5分の間にじわじわとやる気がわいてきて、「いつの間にか終わっていた」という効果**《こうか》**も期待できる**のです。

また別の方法として、**やるべきことはためこまないで小まめにやる**というのがあります。

たとえば、「夏休みの間は日記をつける」という宿題があったとします。

面倒《めんどう》なので後回しにしていたら、3日分たまってしまいました。

毎日書いても、3日分をまとめて書いても、結果的に書く量は変わらないのですが、一回に書く量は、当然毎日書いている人の方が少ないわけです。

なんだか気持ち的には、そっちの方が楽だと思いませんか？

それに、毎日書き続けていると『習慣化《しゅうかんか》』されるため、どんどん楽になっていきます。

毎日通っている学校には無意識《むいしき》に行けるのと同じです。

絵日記の宿題

絵日記も毎日書かずにためてしまうと
○月△日
何日分もまとめて書くのは大変
3日前って何してたっけ…
日記を書いてから寝る習慣《しゅうかん》
zzz…

今日は友だちの家に寄《よ》ってから学校へ行くので、途中《とちゅう》で右に曲がらなければいけなかったのに、考えごとをしていたら曲がるのを忘《わす》れて、いつものように学校に着いてしまった……など、このような経験《けいけん》は一度や二度あると思います。

これと同じで、毎日の日記も寝《ね》る前に必ず書くようにしていたら、いつのまにか習慣化《しゅうかんか》されて面倒《めんどう》だと思わなくなってくるのです。

何かを続けることはとても大変です。

しかし、「次はもっと楽になるはず」と思って、面倒《めんどう》なことでもやり続けてみてください。

続けることで習慣化《しゅうかんか》していき、気持ちもどんどん楽になり、面倒《めんどう》くささを感じなくなったら、大成功です！

ところでなぜ、私《わたし》たちは面倒《めんどう》なことや難《むずか》しいと思うことを避《さ》けるのでしょうか？

理由のひとつに、『時間の使い方を意識《いしき》しすぎる』というのがあります。

友だちの家に寄《よ》るのが

毎日、学校に通っていると…
今日は友だちの家によってから学校に行くよ
とちゅうで右に曲がらなくちゃいけないのに、いつものクセで曲がるのをわすれた！

当たり前ですが、簡単《かんたん》なドリルと難《むずか》しいドリルとでは、同じ時間内なら簡単《かんたん》なドリルの方が、たくさんの問題を解《と》くことができます。

そして、たくさん解《と》ければ解《と》けるほど、時間の使い方が上手だと勘違《かんちが》いしてしまうのです。

しかし、時間内に多くのことができたからといって、時間の使い方が上手なわけではありません。**量ではなく、どれだけ集中してやったのかが大切**なのです。

苦手な教科の勉強なら時間がかかるのは当たり前ですが、時間がかかった分、新しく覚えることも多いと思います。

スラスラ解《と》ける問題をたくさんやって、時間を上手に使った気になって満足するよりは、少しの量でも、苦手な問題を解《と》けるようになったほうが、最終的な成果である『テストの点数がアップ』する

勉強時間はどちらも同じ
やったことのある問題ばかりだから知識《ちしき》はあまり増えない
知ってることばかりだな…
簡単《かんたん》なドリル
知らない問題ばかりで時間はかかるが知識《ちしき》は増える
はじめて知ったぞ！
難《むずか》しいドリル

ことに繋《つな》がるわけです。

時間の使い方が上手になることが最終的なゴールではなく、テストの成績《せいせき》をあげるという目標を達成するために、私《わたし》たちは時間の使い方を覚えているのです。

ですから、面倒《めんどう》なことや難《むずか》しいことを避《さ》けないでください。

時間がかかると思ったら、時間をかければいいのです。ただし、**ダラダラと時間をかけるのではなく、集中して時間をかけることが大切**だということを忘《わす》れないでください。

第4章まとめ

この章で学びたいこと

☑ 面倒《めんどう》で難《むずか》しそうなことを後回しにしてしまう

→「めんどくさい！」という気持ちから、自分で自分をやる気のない方向に引っ張《ぱ》っている

時間の使い方が上手になる方法

☑ 最初の手順を5つだけ、簡単《かんたん》な言葉でメモに書き出してやってみる

→ 最初の一歩さえ踏《ふ》み出せれば、最後までやりとげられる

・ 5つの手順の3〜5分の間に、やる気がわいてくる

・ 苦労した先にあるゴールではなく、無の状態《じょうたい》のスタートを想像《そうぞう》できるようになる

☑ やるべきことはためこまないで小まめにやる

→ 毎日続けていると『習慣化《しゅうかんか》』されるため、どんどん作業が楽になっていく

☑ 同じ時間なら、量より質《しつ》

→ 面倒《めんどう》で難《むずか》しいことでも時間をかけて取り組むことが大事

第5章

好きな授業《じゅぎょう》は没頭《ぼっとう》できるが、苦手な授業《じゅぎょう》はすぐ飽《あ》きる

「なかなか集中することができない」という声をよく耳にします。

でも、本当に集中できないのでしょうか？　決してそんなことはないと思います。

なぜなら、自分のことを集中力がないと決めつけている人でも、ゲームをしたり漫画《まんが》を読んでいるときは、長時間集中することができるからです。要するに**多くの人にとって、「集中できる」「集中できない」が問題ではなく、「集中できるもの」と「集中できないもの」があるというだけ**なのです。

そこで第5章は、ゲームや漫画《まんが》と同じように、学校の授業《じゅぎょう》や家での勉強も集中することができるようになりたい人向けの内容《ないよう》になります。

ではなぜ、集中「できる」「できない」が起こるのでしょうか？

結論《けつろん》からいうと、「面白い」と「つまらない」の違《ちが》いになります。
映画《えいが》を観るにしても、面白い映画《えいが》だと時間が短く感じませんか？
逆《ぎゃく》につまらないと、同じ1時間でもとても長く感じますよね。
人は集中しているときほど、時間が短く感じるのです。

面白《おもしろ》さで時間が変わる

だから、ゲームや漫画《まんが》のように面白いことをやって没頭《ぼっとう》しているときは時間が短く感じ、苦手な勉強をしているつまらない時間のときは、没頭《ぼっとう》していないため長く感じてしまうのです。

ただ不思議なもので、後から思い出したときには、なぜか逆《ぎゃく》の感覚になるのです。つまり、面白かった映画《えいが》は長く感じ、つまらなかった映画《えいが》は短く感じるというわけです。

遠足がまさにそうですよね。

面白かった（楽しかった）時間はあっという間に終わり、「明日からは普通《ふつう》の授業《じゅぎょう》か〜」と、帰りのバスの中で思うのですが、家に帰って寝《ね》る前に思い返すと、バスに乗って、ハイキングして、お弁当《べんとう》を食べて、友だちと遊んで……など、あれもこれもいろいろやって長かったなーと、帰りのバスの中で感じた『時間の感覚』とは逆《ぎゃく》になるのです。
おそらく、この経験《けいけん》は誰《だれ》にでもあるのではないでしょうか。
このように時間は、そのときどきで感じ方が変わるのです。

時間はときどきで違《ちが》う

話を戻すと、面白い映画《えいが》は物語に没頭《ぼっとう》できたので、観ているときはあっという間に終わった感じがしましたよね。でも、後から思い返してみると「あのシーンが面白かった！」「このシーンもサイコーだったよ」と、印象に残っているシーンがたくさん思い浮《う》かぶため、長かったように感じるというわけです。

ところが、つまらない映画《えいが》はただ終わるのを待つしかないので、そのときは長く感じてしまうのですが、思い返すと退屈《たいくつ》な時間だったことぐらいしか印象にないため、短く感じてしまうのです。

つまり、**集中できる、できないは、没頭《ぼっとう》した面白い時間を過《す》ごしているか、つまらない時間を過《す》ごしているか、この違《ちが》いなのです。**

このように多くの体験をしても時間が短く感じられるため、『没頭《ぼっとう》＝集中』が重要になるのですが、つまらない時間も集中できるようになるには、どうしたらよいと思いますか？
実際《じっさい》、すぐに身につけることはなかなか難《むずか》しいと思いますが、まずは、**『つまらない時間に強くなる』**ことです。

つまらないことに強くなる

つまらないは避《さ》けて通れない
またか～
つまらない
つまらない時間でも集中できるようになるには
つまらないことに強くなるぞー

この先の人生において、つまらない時間はチョコチョコみなさんの前にあらわれ続けます。これは、避《さ》けて通ることはできません。だからこそ、強くなるしかないのです。

しかも、『つまらない時間』は大人になればなるほど増《ふ》えていきます。子どものうちから慣《な》れておけば、大人になっても安心してきちんとした対応《たいおう》ができるというわけです。

じらさないで、さっさと教えてほしい！　と思いますよね。

でも実は、これといった特別な練習方法があるわけではありません。**一日5分だけでもいいので、『わざとつまらない時間を作る』ことで慣《な》れていく**しかないのです。

では、具体的に何をすればよいのでしょうか？

大人の方には『写経《しゃきょう》』をおすすめしています。写経《しゃきょう》とは、お経《きょう》の文字を見ながら紙に書き写すことです。写経専用《しゃきょうせんよう》の用紙も販売《はんばい》されていますので、うすく書いてある文字をなぞるだけで大人に限《かぎ》らず子どもでも簡単《かんたん》に始めることができます。

写経《しゃきょう》と漢字練習

勉強前に5分
写経《しゃきょう》や漢字練習をする
ただ写すだけだけど集中できそう
つまらない時間に
少しずつ強くなる

でもこれって、お手本を見ながら漢字を右から左に書き写す『漢字練習』に似《に》ていますよね。漢字練習用のドリルなら、点線などで書かれている漢字を写経《しゃきょう》と同じように上からなぞるだけです。

これを一日5分でもいいので、勉強前にやってみてください。

大人になると日常《にちじょう》生活の中で、単純《たんじゅん》作業をする機会が増《ふ》えるため、自然とつまらない時間にも慣《な》れてくるのですが、**子どもにも『つまらない時間』を作ってあげればいい**のです。

毎日、少しでもつまらない時間に慣《な》れていけば、意味のないものや苦手なことでも飽《あ》きずに続けられるようになります。

得意な教科の授業《じゅぎょう》は楽しいけど、苦手な教科の授業《じゅぎょう》はやる気がでなくて、教科書やノートにいたずら書きばかりしている人は多いと思います。

大切なのは、いたずら書きばかりしてしまう『つまらない授業《じゅぎょう》』に対して、いかに飽《あ》きずに集中することができるかです。

そのために、**勉強前の写経《しゃきょう》や漢字練習はとてもおすすめで、勉強前に行うことで、『勉強前の準備体操《じゅんびたいそう》』のような役割《やくわり》を果たします。**

つまらない時間に慣《な》れる

ある学習塾《がくしゅうじゅく》のコマーシャルに『やる気スイッチ』というのがありましたが、実際《じっさい》の子どもたちはタイムスケジュール通りに、一瞬《いっしゅん》で遊びの時間から勉強時間に切り替《か》えることなどできません。

スポーツを始める前には、ストレッチなどの準備体操《じゅんびたいそう》をして体をほぐしておきますよね。

勉強前にも準備《じゅんび》時間を作ることで、これから勉強するぞという心構《こころがま》えができ、より早く勉強に集中できるようになります。

写経《しゃきょう》や漢字練習は、遊びでもなければ勉強でもありません。

ちょうどその中間だと思ってください。

中間的な時間を作ることで、遊びから勉強へと移《うつ》るための階段《かいだん》の役目をしてくれるのです。

やる気スイッチ

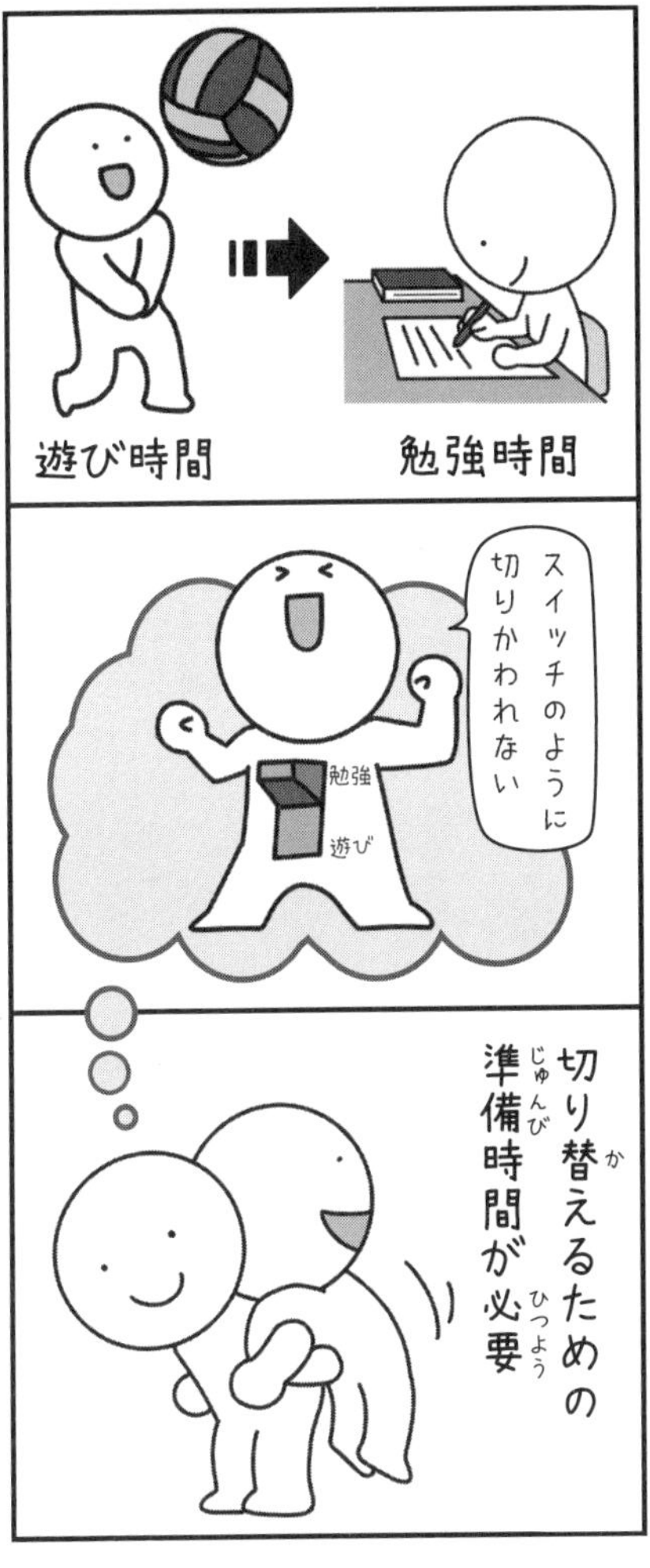
遊び時間
勉強時間
スイッチのように切りかわれない
勉強
遊び
切り替《か》えるための準備《じゅんび》時間が必要《ひつよう》

遊びで高まった気持ちを、**写経《しゃきょう》や漢字練習をすることで心が落ち着きを取り戻《もど》し、勉強できる状態《じょうたい》にしてくれる**というわけです。

一部の学校で行われている『朝読書』もこれと似《に》たような効果《こうか》があります。

本書のテーマである時間管理は、タイムスケジュールを作ることではありません。時間の上手な使い方を知ることで、どれだけ作業に没頭《ぼっとう》できるようになるか、ということです。

6時までは遊びの時間で、その後は勉強の時間と決めていても、6時になったら人が変わったように、すぐに勉強に没頭《ぼっとう》できるわけではありません。

意識《いしき》してほしいのは、**没頭《ぼっとう》（集中）までの時間を少しでも短くすること**です。

そのためには、勉強しようと思っていることを具体的にイメージしてから始めることと、写経《しゃきょう》や漢字練習などの準備《じゅんび》時間を5分間作ることです。

机《つくえ》の前に座《すわ》ってから、「さて、今日は何の勉強をしようかな……」

なんて考えていたら、それだけで30分もたってしまったなんてことが実際《じっさい》にあるのです。

第4章でもお話しましたが、『やりたくない』という気持ちが邪魔《じゃま》するからです。そうならないためにも、「**今日は何の勉強をするのか、事前に決めておく**」ことが重要になります。

没頭《ぼっとう》までの時間が大切

今日
やること
何の勉強をするのか
思い描《えが》く
ダッシュで
集中！
漢字練習と
組み合わせれば、
すぐに没頭《ぼっとう》できる

学校から宿題がでていたら、机《つくえ》の前に座《すわ》った途端《とたん》、迷《まよ》うことなくその宿題から始めますよね。これと同じで、**事前にやることがわかっていれば、その分、集中するまでの時間が短くなる**はずです。

「どうしたら集中できるのか」ばかり気にしていないで、「より早く集中するにはどうしたらいいのか」まで考えて行動するようにしましょう。

私《わたし》たちが何かを始めてから集中するまでには、意外と時間がかかるものだと思ってください。

勉強前に写経《しゃきょう》や漢字練習を5分間行うこと。

今日やる勉強を事前に決めておくこと。

これだけで、没頭《ぼっとう》（集中）できるまでの時間はかなり早くなります。

文字に書いて説明すると、「なんだそんなことか」と思うかもしれませんが、、毎日実行できれば、驚《おどろ》くほどの変化がみられるはずです。明日から、いや今日から試してみてください！

事前に決めておく

事前にやることを決めておかないと悩《なや》む時間がムダ
今日は何の勉強をしよう…
やることが決まっているとすぐに集中できる
今日は算数のふく習をやる日

第5章 まとめ

この章で学びたいこと

- ☑ ゲームや漫画《まんが》には集中できるが、学校の授業《じゅぎょう》や家での勉強は集中できない
  - →「面白い」と感じるものは「集中できる」
  - →「つまらない」と感じるものは「集中できない」

時間の使い方が上手になる方法

- ☑ 1日5分だけでも『つまらない時間」をわざと作り、慣《な》れていく
  - →勉強前に写経や漢字練習などの単純《たんじゅん》作業をする
  - ・勉強前にすることで、遊びの時間から勉強時間に切り替《か》わるときの『準備《じゅんび》体操』のような役割《やくわり》をしてくれる
  - →「つまらない」ことでも集中できるようになる
- ☑ 今日は何の勉強をするか、事前に決めておく
  - →集中するまでの時間が短くなる

第6章

夏休みの宿題は、土壇場《どたんば》にならないとやらない

夏休みが始まったばかりの頃《ころ》は、「宿題は早めに終わらせて、夏休みを楽しむぞ！」と張《は》り切っていたのですが、そんな思いも三日坊主《ぼうず》。計画は長続きせず、夏休みが終わる直前に焦《あせ》って宿題に取り組む……。これがいつものパターンになっていませんか？

この章では、そんな悩《なや》みを解消《かいしょう》するためのアイデアをご紹介《しょうかい》します。

それでは、なぜ夏休みの宿題がいつもギリギリになってしまうのでしょうか？

答えは簡単《かんたん》です。それは「時間がたくさんあるから」です。

一見、「なんで？」と思うかもしれませんが、実は**時間がたくさんあると、「後でやればいい」という気持ちになり、やる気が低下してしまうのです。**

しかも、一度でも「明日できることは明日にしよう」と思ってし**まうと、宿題を後回しにする癖《くせ》がついてしまいます。**

そして、さすがにそろそろやらないと間に合わなくなってしまう、というタイミングでようやく重い腰《こし》を上げるわけです。

時間がたくさんあると
時間がたくさんあるから、よゆうで終わるっしょ
やる気もなくなり全部後回《あとまわ》し
明日やろう
やらないといけない事
そろそろやらないと間に合わないが…
やる気がでない…

やらなければいけない宿題は山積みなのに、すべて終わらせるには時間が足りません。

焦《あせ》りとストレスがのしかかり本来の力も発揮《はっき》できなくなります。

サッカーの試合を見ていてもわかりますが、残り時間が少なくなると、負けているチームは何とか点を取ろうと焦《あせ》ってしまい、逆《ぎゃく》にミスを連発してしまうことがあります。その状況《じょうきょう》と似《に》ています。

ではどうすれば、この悪いサイクルを断《た》ち切れるのでしょうか？

まずは、**やらなければならない宿題をすべてリストアップ**してください。

夏休みの宿題は、普段《ふだん》の宿題とは異《こと》なり、かなりたくさんありますよね。当然、2～3日でササっと終わる量ではないです。この量を把握《はあく》するためにも、一度宿題を『リストアップ』してみましょう。

メニューの品が多すぎて、レストランで何を頼《たの》んだらいいのか迷《まよ》うのと同じで、やるべきことが多すぎると、何から手を付ければいいのかわからなくなり、やる気が失《う》せてしまうのです。

そこで、夏休みの宿題を一つの大きな丸いケーキだと考えて、小さなサイズのケーキに分割《ぶんかつ》してあげればいいのです。

夏休みの宿題のやり方

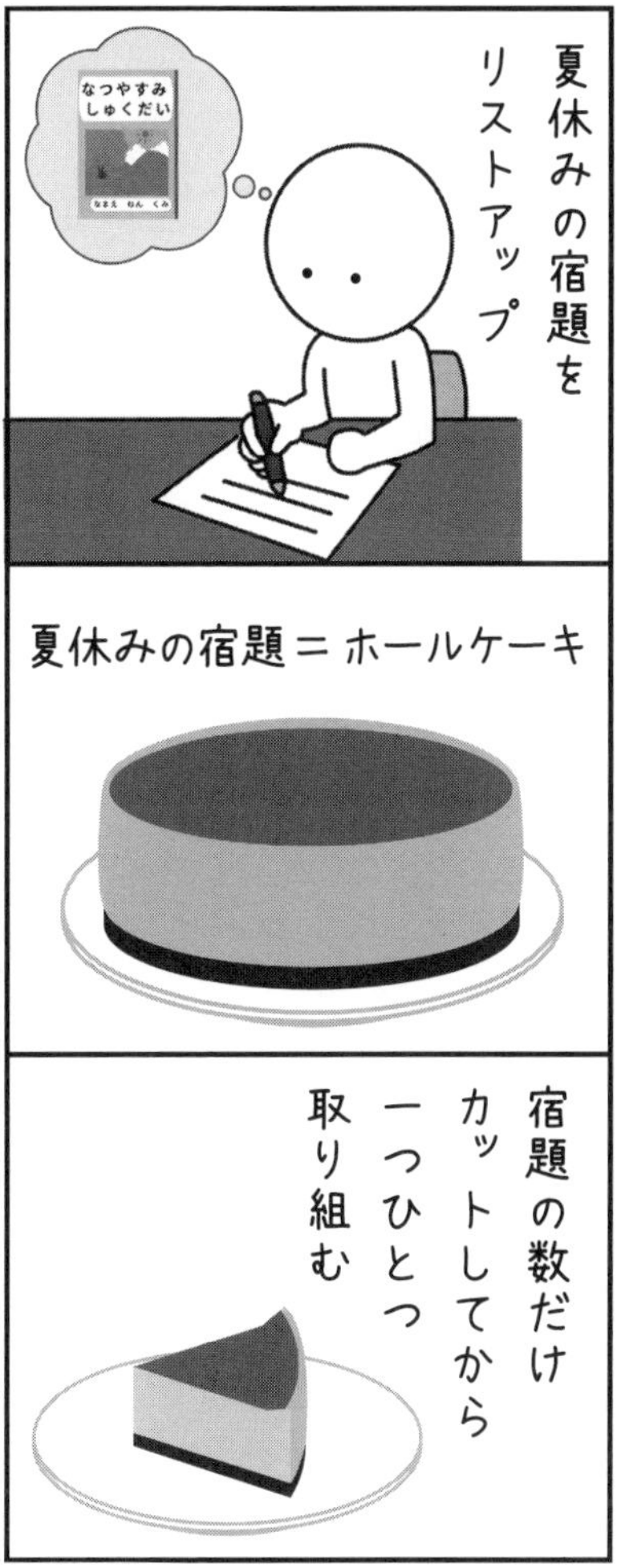
夏休みの宿題を
リストアップ
なつやすみ
しゅくだい
なまえ ねん くみ
夏休みの宿題＝ホールケーキ
宿題の数だけ
カットしてから
一つひとつ
取り組む

食べやすいサイズに切り分け、順番に食べていくことで、どの部分を食べたのかよくわかります。これは大食いのテクニックに似《に》ているかもしれません。

このような方法で**やるべき宿題を一つひとつリストアップして把握《はあく》したら、それぞれのケーキ（宿題）に賞味期限《きげん》（締《し》め切り）をつけていく**のです。期限《きげん》までにしっかり（食べ）終えることを守りつつ進捗《しんちょく》を確認《かくにん》することで、やる気が持続《じぞく》しやすくなります。「たまには気分を変えて、ドリルでもやろうかな……」といった余計《よけい》なことに気を取られず、一つひとつ小さくわけた宿題を片付《かたづ》けていくことに集中できるのです。

要するに、**やるべきことがはっきり見えるようになると、そのことだけに集中できるため、時間当たりの作業量が格段《かくだん》にアップし、**

その結果、時間を上手に使いこなせる状態《じょうたい》になるのです。

人は気持ち次第でやる気が左右されてしまう生き物です。

時間がたくさんあると思うと気持ちが緩《ゆる》んでやる気が低下し、時間当たりの作業量は減《へ》ります。

目標《もくひょう》を作ることが大切

やるべきことが見えると…
一つのことに集中できるので
時間あたりの作業量は増《ふ》える
今日はすごくはかどるな～

また、**余裕《よゆう》がなければないで、焦《あせ》りやストレスから、同じく時間当たりの作業量は減《へ》ってしまいます。**

さらに、**時計ばかりを見ていても、時間当たりの作業量は減《へ》ります。**これは時計を見ることで常《つね》に時間を意識《いしき》してしまうため、時間の経過《けいか》が遅《おそ》く感じるようになるからです。

「まだ時間があるから大丈夫《だいじょうぶ》！」と、気が緩《ゆる》んでしまいやる気が低下するのです。それが証拠《しょうこ》に、つまらない時間を過《す》ごしているときほど何度も時計を見てしまいがちですよね？　何かに夢中《むちゅう》になっているときは、時計を見ることとさえ忘《わす》れてしまっているものです。

時計を見る回数が増《ふ》えれば増《ふ》えるほど、「まだこれだけしか時間が経《た》ってないのか」という気持ちが意識《いしき》づけられ、勝手に余裕《よゆう》があると思ってしまうのです。

田舎《いなか》に来たけど…

ゆっくり流れる時間…
ヤッホーッ
ヤッホーッ
たっぷりある時間…
のんびりすごすぞ！
つい、スマホでゲームばかりしてしまう
No!!

おまけに時間がたくさんあると思うと、つい余計《よけい》なことをしてしまうのも人の悪い癖《くせ》です。

せっかく山奥《やまおく》の温泉宿《おんせんやど》に行ったのに、スマホでゲームばかりしていた、なんてことになるのです。私《わたし》たちは暇《ひま》な時間を何もしないまま過《す》ごせなくなっているのかもしれません。

そうならないためにも、**時間に余裕《よゆう》があるときほど、やることを一つひとつの小さなブロックに分け、それぞれに締《し》め切りをもうけて予定をたてる**ことが大切です。

目の前に明確《めいかく》な目標があると、やる気も湧《わ》きやすくなるという利点も加わります。

それでは最後に、『予定をたてるときのコツ』を紹介《しょうかい》して、この章を終わりにしたいと思います。

基本的《きほんてき》に、**予定をたてるときは期間を長めに予測《よそく》する**ようにしてください。これがスゴク重要です。

第2章でも説明しましたが、私《わたし》たちは時間の予測《よそく》が甘《あま》く、実際《じっさい》よりも短く予想してしまう傾向《けいこう》があります。

短く予測《よそく》してしまうと間に合わなかったときに達成感が得られま

せん。しかも、3日で終わる予定だったのに5日もかかってしまったら、「何でこんなに遅《おそ》いんだろう……サボってたつもりはないのに……」と、自分のことをダメな人間だと思ってしまうのです。

そのため、3日かかると時間の予測《よそく》をしたら、2日プラスして5日かかると予測《よそく》しなおすのです。

予測《よそく》は余裕《よゆう》をもって

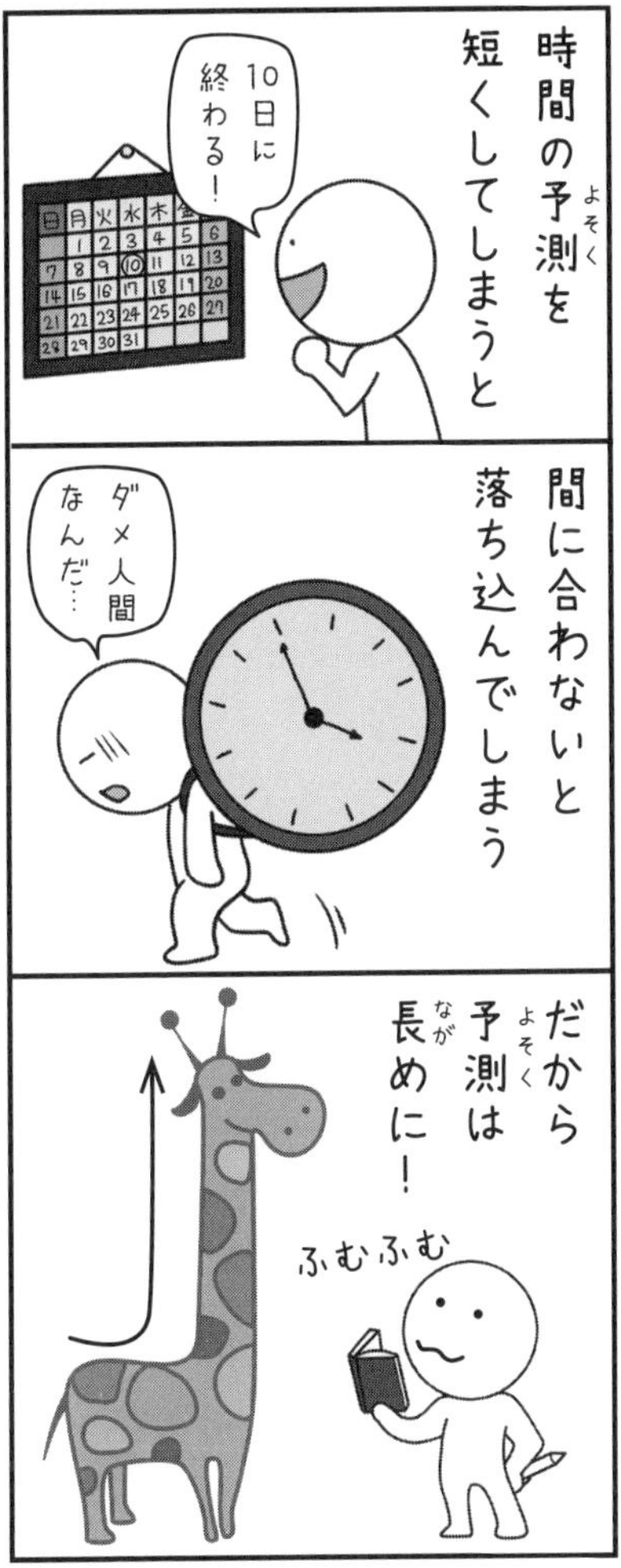
時間の予測《よそく》を短くしてしまうと
10日に終わる!
間に合わないと落ち込んでしまう
ダメ人間なんだ…
だから予測《よそく》は長《なが》めに!
ふむふむ

プラスし過《す》ぎると、今度は「後でやればいい」とやる気が低下してしまうため、少しだけ『余裕《よゆう》』を感じられるくらいでいいと思います。

これって、洋服を選ぶときと似《に》ているかもしれません。

小さいサイズを買ってしまうと、太ったら着られなくなってしまいます。ただ、あまりにもゆったりした洋服だと、逆《ぎゃく》に太ったことに気付かないいままいつのまにか5キロも体重が増《ふ》えていたりするのです。

要するに、適度《てきど》な余裕《よゆう》があるくらいがベスト！ということです。

実は、シャワーを浴びているときが、一番アイデアが浮《う》かびやすいって知っていましたか？

時間当たりの作業量を増《ふ》やすには、リラックスした状態《じょうたい》や適度《てきど》な余裕《よゆう》が大切だということがわかりますよね。

予定は洋服選《えら》びに似《に》ている

洋服を選《えら》ぶとき…
大きいの？
小さいの？
小さいサイズだと…
そんなに太ってないのに
もう着れなくなった…
大きなサイズだと…
気づかなかったけど
いつの間にか太った
ズーン

そしてもう一つ、予定を立てるうえで重要なことがあります。それは、**「1回の作業時間は短くすること！」「決して長時間やらないこと！」**です。

2時間かかると予測《よそく》した宿題があったとしたら、1時間を2回にわけて勉強するなど、1回の時間は短くしたほうが効果的《こうかてき》です。

次の章で詳《くわ》しく説明しますが、私《わたし》たちの集中はそんなに長くは続かないからです。

たとえばお母さんから頼《たの》まれて、餃子《ぎょうざ》づくりを手伝ったとします。30分で15個《こ》作れたから、倍の1時間では30個《こ》の餃子《ぎょうざ》が作れると思いますよね。でも、実際《じっさい》はそうそううまくはいきません。

1時間作り続けると疲《つか》れてくるので、もしかしたら25個《こ》しか作れないかもしれません。私《わたし》たち人間は機械ではないので、時間を増《ふ》や

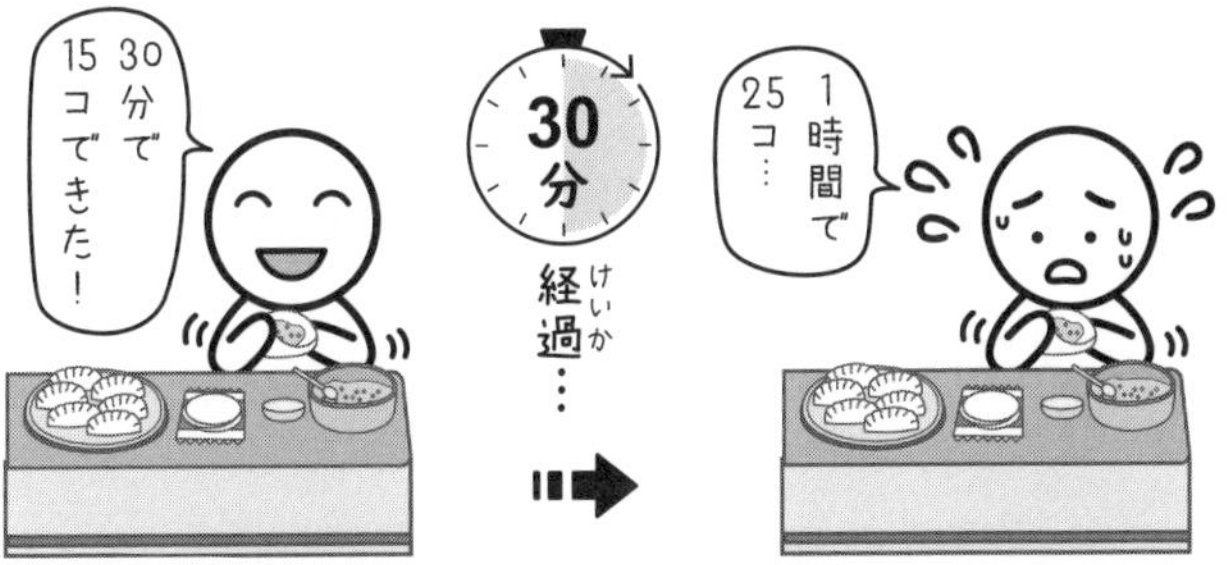

短い時間で集中したほうが勉強もはかどる

せば時間当たりの作業量も同じように増《ふ》えるわけではないのです。
　計算通りには行かないことを知ることが大切です。

　これらを頭に入れて予定を立てるようにすれば、夏休みが終わる直前になってから大量の宿題を前に途方《とほう》に暮《く》れるなんてことはなくなるはずです。
　これは夏休みの宿題に限《かぎ》らず、さまざまな課題にも応用《おうよう》できますので、ぜひ試してみてください。

第6章 まとめ

この章で学びたいこと

- ☑ 夏休みの宿題がいつもギリギリになってしまう
  - → 時間がたくさんあると、「後でやればいい」という気持ちになり、やる気が低下する
  - ・後回しにすることで、やることが山積みになり、焦《あせ》りとストレスから本来の力が発揮《はっき》できなくなる

時間の使い方が上手になる方法

- ☑ やらなければならないことをすべてリストアップする
  - → リストアップしたものを小さなブロックに分け、それぞれに締《し》め切りを設定《せってい》する
  - ・やるべきことがはっきりすると、そのことだけに集中するため、時間当たりの作業量が増える
  - ・目の前に明確《めいかく》な目標があると、やる気がわきやすくなる
- ☑ 予定をたてるときのコツ
  - ・期間を長めに予測《よそく》する
  - ・1回の作業時間は短くする

第7章

集中力が続かないため、勉強時間が短い

第6章では、人には集中できるものと集中できないものがあるというお話をしました。この章では、たとえ集中できたとしても、『なぜか集中力が続かない』という方の悩《なや》みを解決《かいけつ》したいと思います。

ところで、みなさんはどのくらいの時間、勉強に集中することができれば満足ですか？　30分？　それとも授業《じゅぎょう》時間と同じ45分？　もっと長い1時間ですか？

そもそも、自分がどれくらい集中できるのか、知らない人も多いのではないでしょうか。

では、マラソンに置きかえてみましょう。何分間、ぶっ通しで走ることができますか？　たとえば15分間しか走れない人に、「1時間走ってごらん」と言っても「無理、無理」ってなると思います。

1時間走り続けることはできなくても、なぜか勉強となると、1〜2時間できると思ってしまうから不思議です。**頭も体と同じく疲《つか》れます。ですから、自分が思っているほど長くは集中できないと知っておくべき**なのです。

集中できる時間

では、集中力を高めるにはどうすればいいでしょうか？

一般的《いっぱんてき》には、**『ポモドーロ勉強法』と呼《よ》ばれる方法が効果的《こうかてき》**だと言われています。初めて聞いた人も多いと思いますが、仕事でも勉強でも使うことができるテクニックになります。

簡単《かんたん》に説明すると、**『ポモドーロ勉強法』は、タイマーを使って時間を管理する方法**です。「ポモドーロ」はイタリア語で「トマト」を意味する言葉ですが、この方法を考えた人が学生の頃《ころ》にトマト型のキッチンタイマーを使用していたことから、この名前がつきました。

やり方はいたってシンプルで、勉強を25分間したら、5～10分間の休みをとり、これを3～4回繰《く》り返したら終わりになります。

基本《きほん》はたったこれだけですが、『ポモドーロ勉強法』を始める前にやっておくことがあります。

それは、それぞれの回（各25分間）に何をするか決めておくことです。たとえば、「1回目は、全国の都道府県庁所在地《とどうふけんちょうしょざいち》を覚える！」という感じです。「〜する！」まで書くと、やるべきことが明確《めいかく》になるため、より集中力も高まります。

ポモドーロ勉強法
①タイマーを用意する
②25分間勉強に集中する
計算ドリルを3ページやる！
③5分から10分休みタイム
②と③を3〜4回繰り返す

もし、1時間近くかかりそうだと思ったら、「2回目と3回目は、算数の宿題を終わらせる！」と書けばいいのです。

このように『**ポモドーロ勉強法**』では、**1～4回目にやることを書き出してから始めるのがポイント**です。

この準備《じゅんび》をしておかないと、タイマーをセットしてから実際《じっさい》に始めるまでに5分や10分たってしまい、それだけで時間をムダ使いすることになりますよね？

実際《じっさい》にやってみるとわかると思いますが、**時間を短く区切って、その中でやるべきことがハッキリ見えていると、時間当たりの作業量が増《ふ》える**のです。

目標があることで、より集中できるという効果《こうか》が期待できるというわけです。

しかも、この『ポモドーロ勉強法』では、25分にこだわる必要はありません。20分でも30分でも大丈夫《だいじょうぶ》です。自分に合った最適《さいてき》な時間で進めてください。

勉強にもメニュー

やることが決まって
いないと始められない
やることをメニュー
に書き出してから
始める
時間内に
終わるように
作るのがコツ
大切なのは時間を
区切って目標《もくひょう》を
決めること

大切なのは、**長時間集中することではなく一番集中できる『短時間』を見つけることと、その時間に何ができて、何ができないかを知ること**です。

そのためには、第2章（25ページ）で説明した『時間の予測《よそく》』がとても重要になります。

時間の予測《よそく》が正しくできるようになると、「25分が3回だと、これとこれしかできないかな……」など、やるべきことと、やらなくてもいいことが見えてくるのです。

毎日すべての教科の勉強をしていたら、いくら時間があっても終わりませんよね。

でも、時間が限《かぎ》られていれば、「今日はこれだけしかできない」とわかるので、大事なことから始められるようになるのです。

時間管理とは、工夫してやりたいことをすべてやり切ることではなく、やりたいことに順番をつけて、限《かぎ》られた時間の中で大事なことだけをやることなのです。

集中時間は何分？

一番集中できる短時間を見つける
25分くらいかな？
やることを選択《せんたく》
集中できる短時間に何をやるか決めないと
やる
やらない
大事なことから始めないと…
集中時間に終わらない
次からはムリしない

ひとつ注意点として、体調が悪かったり、難《むずか》しい問題に時間がかかって予定より進まなかったとしても、タイマーが鳴ったらスパッと終わらせて、必ず5～10分の休みをとるようにしましょう。

こうすることでリズムが作られていくからです。

このように**『ポモドーロ勉強法』**の一番のコツは、**自分にとって最適《さいてき》なリズムを作ること**です。

同じリズムを繰《く》り返すと、自然に体が適応《てきおう》するようになり、集中力が持続するようになるのです。

もしも、勉強している途中《とちゅう》でお母さんに呼《よ》ばれて、10分間だけ勉強を中断《ちゅうだん》したとします。

その場合、また最初からやり直したくなりますよね。あるいは、中断《ちゅうだん》した10分だけでも勉強したくなるかもしれません。でも、それはやめて、しっかり5分から10分の休みをとるようにしましょう。
とは言っても、25分のうち10分もムダにしてしまったわけですから、休み中にモヤモヤしてしまうかもしれません。これは、達成感を得ていないからです。

リズムが大切

途中《とちゅう》で中断《ちゅうだん》しても…
ちょっと休まない？
はじめからやり直したりはしない
10分のロス…
勉強時間と休憩時間のサイクルを守《まも》ると…
リズムが生まれる!

しかし、この経験《けいけん》はとても大事なことで、「次回からは、勉強をする前にお母さんに一言いってからやろう」という反省が生まれるのです。

そして、終わらなかった分は、その日の最後にもう1度だけタイマーをセットして、追加でやるようにしてください。

以上が『ポモドーロ勉強法』になります。

とてもいい方法なのでおすすめですが、この章のテーマである『なぜか集中力が続かない』という悩《なや》みをまだ解決《かいけつ》したことにはならないかもしれませんね。

そこで、もう一つのおすすめとして、「集中しやすい時間帯」を見つけるという方法を紹介《しょうかい》して、この章を終わりにしたいと思います。

私《わたし》たちには、集中できるものと集中できないものがあるというお話をしましたが、実は**『集中しやすい時間帯』**と**『集中しにくい時間帯』もある**のです。

「朝早くても苦じゃないから朝型かな」とか「勉強は夜のほうがはかどるから夜型だね」などと話している人はいませんか？　まさにこれがその人に合った時間帯なのです。

集中できる時間帯《たい》は？

朝は苦手で
集中できない
夜だと集中して
がんばれる
スラスラ
集中しやすい時間帯と
しにくい時間帯がある
集中

大事な勉強は、自分が一番集中できる時間帯に『ポモドーロ勉強法』を使って終わらせて、ほかにやらなくてはいけないことは、比較的《ひかくてき》ダラダラしがちな時間帯に終わらせるのです。

たとえば、学校から帰宅《きたく》して夕飯までの時間は、いつもダラダラとテレビを見たり、ゲームをしたりして何時間もムダに過《す》ごしてしまうという人であれば、「帰宅後《きたくご》はすぐにお母さんと約束している家のお手伝いをする」と、決めてしまうのです。

大切なのは、学校から帰ってきたらすぐに行動することです。

言いたいことはわかるけど、今日は週刊《しゅうかん》マンガ雑誌《ざっし》の発売日……。「待ちきれないから、お手伝いの前にこのマンガだけ読んじゃえ」と、お風呂掃除《ふろそうじ》を後回しにしてしまうと、大きな落とし穴《あな》に落ちることになります。

「5分あれば読めちゃうから」なんて思ったら負けです。

そのうち「ついでにこっちのマンガも……」と調子にのり、気付けば一冊《いっさつ》読み終えていた……なんてことになりかねません。

だからこそ、やるべきことはすぐにやらなければダメなのです。

ダラダラ時間の使い方

家に帰ってくるとダラダラしてしまう…
お手伝いは～？
別の日…
マンガを読み始める
そうじ終わった～？
5分だけ
この時間を家のお手伝いに使う
ダラダラしないですぐにやること

使える時間は限《かぎ》られています。だからこそ、**普段《ふだん》ムダにしている時間にいち早く気付き、やるべきことに置き換《か》えていくことで、時間の使い方が上手になる**のです。

また、目標を決めて集中することで、短い時間でも成果を上げられるようになります。

自分のリズムや集中力のピークを知り、それに合わせた勉強法を見つけ出すことが、より効果的《こうかてき》な学習の鍵《かぎ》となります。

ポモドーロ勉強法を活用しながら、集中力が持続する勉強習慣《しゅうかん》を身につけていきましょう！

おわり

第7章 まとめ

この章で学びたいこと

☑ なぜか集中力が続かない

→ 頭も体と同じく疲《つか》れるため、長時間は集中できない

→ 身の回りには集中を邪魔《じゃま》するものがたくさんある

時間の使い方が上手になる方法

☑ ポモドーロ勉強法をマスターする

- 自分で予測《よそく》した最適《さいてき》な時間（20〜30分）勉強したら、5〜10分休む。これを3〜4回繰り返す
- 事前に各回にやる内容を決め、書き出だしておく
- タイマーが鳴ったら、途中《とちゅう》でも終わらせて休む。このサイクルを守ることでリズムができる

☑ やるべきことに順番をつけて、限られた時間で大事なことから進める

☑「集中しやすい時間帯」を見つける

→ ポモドーロ勉強法を採用

勉強中にゲームをしてしまう小学生の必読本！
目標を達成するための時間管理が身につく

2024年1月22日　第1刷発行

著者　すわべ しんいち

編集人　江川 淳子　諏訪部 伸一
発行人　諏訪部 貴伸
発行所　repicbook（リピックブック）株式会社
〒102-0084　東京都千代田区二番町9-3 THE BASE麹町
TEL　070-4228-7824
FAX　050-4561-0721
https://repicbook.com
印刷・製本　株式会社シナノパブリッシングプレス

乱丁・落丁本は、小社送料負担にてお取り替えいたします。本書を許可なく転載・複製しないでください。紙のはしや本のかどで手や指を傷つけることがありますのでご注意ください。

© 2024 repicbook Inc.　Printed in Japan　ISBN978-4-908154-44-7